westermann

AF195953

Texte schreiben

Erarbeitet von

Dominique Bielau

Elke Krutz

Insa Scheller

Sabine Wolff-Stamer

in Zusammenarbeit mit der
Westermann-Grundschulredaktion

Unter Beratung von

Heike Baligand

Angelika Föhl

Tanja Holtz

Nadine Pistor

Illustriert von

Gabie Hilgert, Karoline Kehr

Flex und Flora
Deutsch inklusiv

Inhaltsverzeichnis

handlungsorientierte
Seiten

Datum: _____

1 Schreibe in jede Spalte noch zwei passende Wörter.
Markiere in jeder Spalte ein Wort.

Orte	Tiere	Dinge	Personen
Schule	Maus	Buch	Hausmeister

2 Schreibe mit deinen markierten Wörtern von **1** eine Geschichte.

Gestern war ich _____.

Plötzlich _____.

Zufällig kam _____ und

gab mir _____.

So konnte ich am Ende _____

_____.

3 Finde eine passende Überschrift.
Schreibe sie in **2** in den roten Rahmen.

4 Lies deine Geschichte einem Partnerkind vor.

_____

Unterschrift Partnerkind

Zu Oberbegriffen Wörter sammeln
Mithilfe von Wörtern eine Geschichte schreiben
Eine Geschichte einem Partnerkind vorlesen

Datum: _____

1 Mia hat im Urlaub ihr Buch in der Ferienwohnung vergessen.
Sie hat eine E-Mail an die Vermieterin Frau Neumann geschrieben.
Lies.

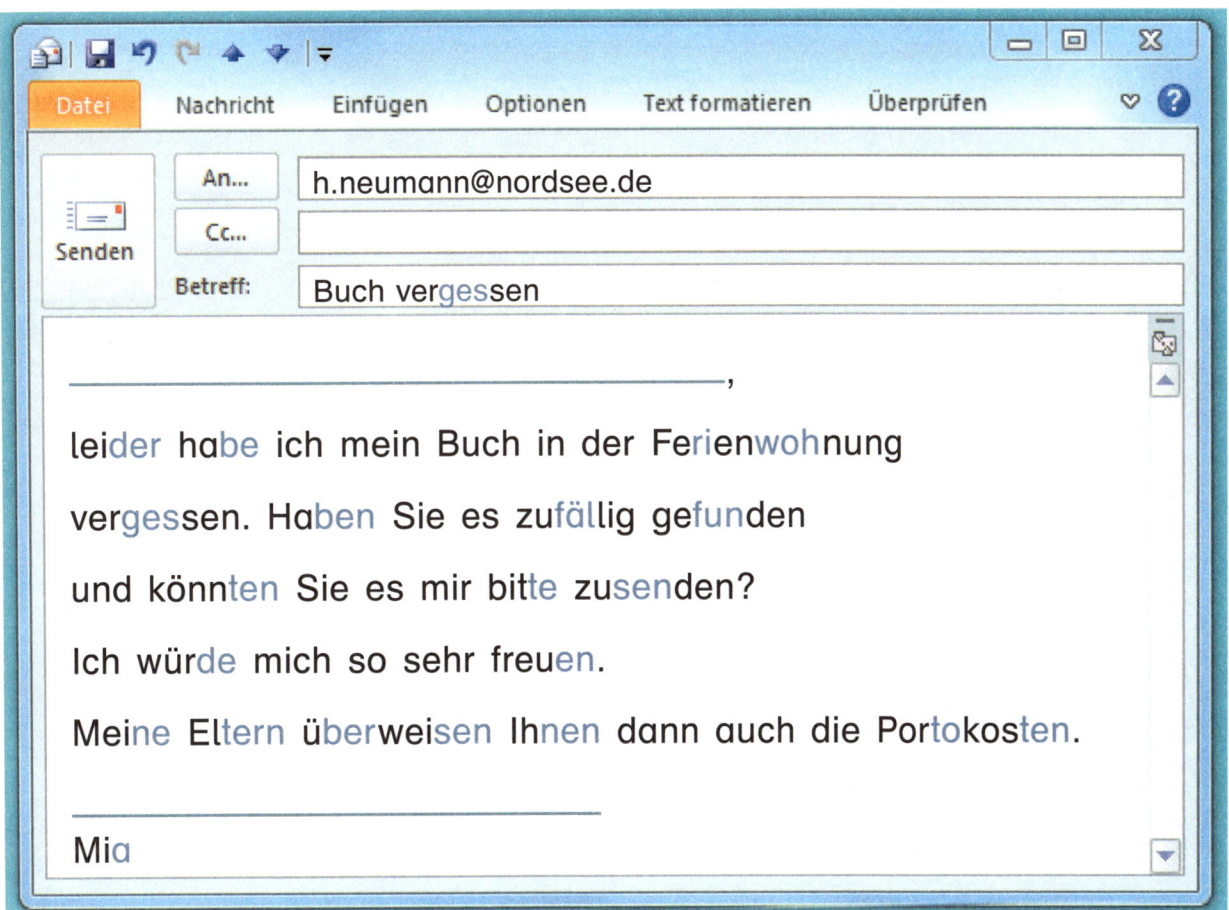

Innerhalb der E-Mail:

An... h.neumann@nordsee.de
Cc...
Betreff: Buch vergessen

_____ ,

leider habe ich mein Buch in der Ferienwohnung

vergessen. Haben Sie es zufällig gefunden

und könnten Sie es mir bitte zusenden?

Ich würde mich so sehr freuen.

Meine Eltern überweisen Ihnen dann auch die Portokosten.

_____

Mia

2 Überprüfe die E-Mail von Mia. Kreuze an.

	ja	nein
Die Anrede ist vorhanden.		
Der Text ist höflich.		
Die Grüße sind vorhanden.		
Die Unterschrift ist vorhanden.		

3 Ergänze die fehlenden Angaben in **1**.

 **1** Sammle Ideen für eine Geschichte in der Mindmap. Schreibe.

Wohin könntest du fahren?

Wen triffst du?

Ferien

Was passiert?

 **2** Markiere in der Mindmap von **1** zu jeder Frage eine Idee
für deine Geschichte.

 **3** Erzähle einem Partnerkind
deine ausgedachte Geschichte.

_____
Unterschrift Partnerkind

Eine Mindmap bearbeiten
Ideen für eine Geschichte auswählen
Eine ausgedachte Geschichte einem Partnerkind erzählen

Datum: _____

 4 Schreibe die Geschichte. Deine Mindmap von **1** hilft dir.

_____

_____

_____

_____

_____

_____

_____

_____

_____

_____

 **5** Schreibe eine Überschrift für deine Geschichte
in den roten Rahmen von **4**.

 **6** Lies deine Geschichte 3-mal.
Lies sie dann deiner Lehrkraft vor.

_____

Unterschrift Lehrkraft

Eine Geschichte schreiben und dafür Ideen aus einer Mindmap nutzen
Eine Überschrift finden
Eine eigene Geschichte präsentieren

7

Parallelgedichte schreiben

Zukunft
von Flora

Es kommt eine Zeit,
da fahren wir mit Elektroautos,
da gibt es keinen Krieg.
Es kommt eine Zeit,
da helfe ich bedrohten Tieren,
da räumen Roboter mein Zimmer auf.

Der Herbst
von Flex

Eines Morgens ist der Herbst da.
Ich sehe den Herbst,
wenn die Bäume bunt werden.
Ich höre den Herbst,
wenn der Wind durch die Straßen fegt.
Ich fühle den Herbst,
wenn die Blätter unter meinen Füßen rascheln.
Ich rieche den Herbst,
wenn die Kürbissuppe auf dem Herd kocht.

In beiden Gedichten gibt es ein Muster.

Gedichte schreiben macht Spaß.

1 Suche dir ein Partnerkind
für die Aufgaben 2 und 3.

_____
Unterschrift Partnerkind

2 Lest die Gedichte. Welche Muster meint Flex?
a) Welches Muster erkennt ihr im Gedicht **Der Herbst**?
b) Welches Muster erkennt ihr im Gedicht **Zukunft**?

3 Lies ein Gedicht von oben deinem Partnerkind vor.
Verändere deine Stimme so, dass sie gut zu den Versen passt.

Ideen zum Einsatz des Tablets,
siehe Handreichung, Kap. 1.3

Gedichte lesen und Schreibmuster erkennen
Sich mit einem Partnerkind austauschen
Gedichte angemessen betont vortragen

 **1** Sammle Ideen zum Thema **Zukunft** in einem Gedankenschwarm.

_____

_____  _____
(Zukunft)
_____ _____

_____

 **2** Schreibe mit deinen Ideen von **1** ein Gedicht zum Thema **Zukunft**. Denke an die Überschrift.

_____

von _____

Es kommt eine Zeit,

da _____ ,

da _____ .

Es kommt eine Zeit,

da _____ ,

da _____ .

 **3** Lies dein Gedicht aus **2** einem Partnerkind vor.

_____
Unterschrift Partnerkind

Ein Sinnesgedicht ...

 1 Wähle ein Thema und kreuze es an.
Du kannst dir auch selbst ein Thema ausdenken.

☐ Geburtstag ☐ Sommer ☐ Ausflug ☐ _____

2 Was siehst, hörst, fühlst und riechst du?
Sammle Wörter zu deinem Thema. Schreibe.

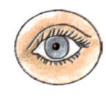
_____
_____

_____
_____

_____
_____

_____
_____

3 Wähle Wörter von **2** für dein Gedicht. Kreise ein.

 **4** Stelle einem Partnerkind
deine eingekreisten Wörter aus **2** vor.

_____
Unterschrift Partnerkind

Zu Sinneseindrücken ein Gedicht planen
Planungsideen vorstellen

5 Schreibe mit deinen Wörtern aus **2** dein Sinnesgedicht.
Denke auch an die Überschrift.

_____

von _____

Eines Morgens ist _____ da.

Ich sehe _____ ,

wenn _____ .

Ich höre _____ ,

wenn _____ .

Ich fühle _____ ,

wenn _____ .

Ich rieche _____ ,

wenn _____ .

6 Lies dein Gedicht aus **5** einem Partnerkind vor.
Sprich die farbigen Wörter deutlich.

_____

Unterschrift Partnerkind

7 Schreibe dein Sinnesgedicht auf ein Schmuckblatt.
Du kannst dein Gedicht auch mit dem Computer schreiben
und gestalten.

8 Schreibe ein Sinnesgedicht zu einem anderen Thema
von **1** in dein Heft.

Datum: _____

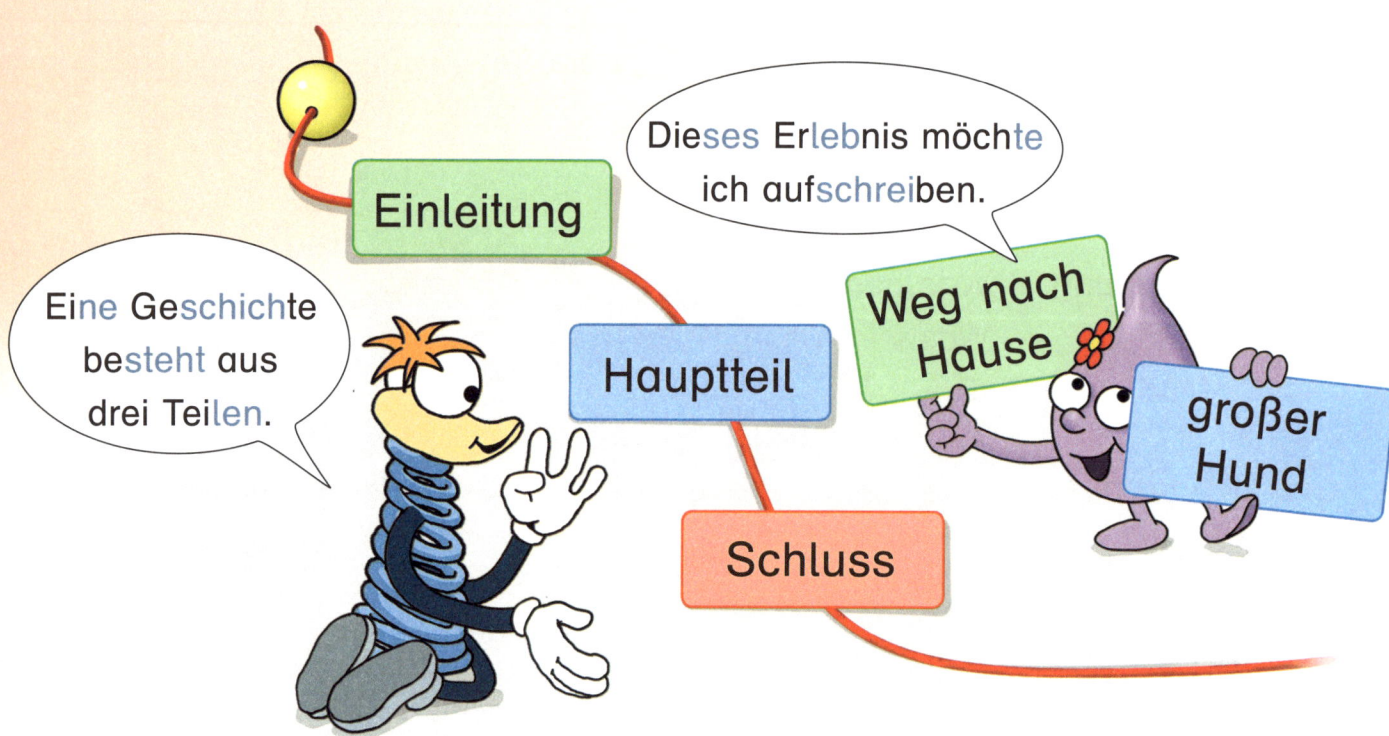

1 Sprich mit einem Partnerkind.
a) Welche Teile meint Flex?
b) Besprecht, welche Karten von Flora zu welchen Teilen gehören.

_____
Unterschrift Partnerkind

2 Lies die Stichworte zu Floras Erlebnis. Ordne sie den Teilen
Einleitung, Hauptteil und **Schluss** zu. Male grün, blau und rot.

ich

Weg nach Hause

großer Hund

Angst vor Hund

Hund läuft zu mir

Besitzer kommt

Erleichterung

Den Aufbau einer Erlebnisgeschichte kennenlernen
Eine Erlebnisgeschichte am roten Faden lesen
und passend die Teile zuordnen

 **3** Lies die Erlebnisgeschichte.

Endlich war die Schule zu Ende.

Ich war auf dem Weg nach Hause.

Wie immer kam ich an dem Garten

mit dem großen Hund vorbei.

Uns trennte ein hoher Gartenzaun.

„Was ist das denn? Mist!", dachte ich.

Das Gartentor stand offen.

Mir wurde richtig mulmig.

Ich flüsterte leise: „Bitte, bitte nicht!"

Ich erstarrte vor Angst. Mein Herz raste.

Ich kniff die Augen zu.

Aber nichts geschah.

Stattdessen rief eine Stimme hinter mir:

„Alles ist gut!" Ich drehte mich um.

Der Hund kam freundlich wedelnd

auf mich zu. Tierisch Glück gehabt!

 **4** Schreibe die Begriffe **Einleitung**, **Hauptteil** und **Schluss** passend neben die Erlebnisgeschichte von **3**.

> Geschichten gliedern sich in drei Teile.
> Die **Einleitung** beantwortet die Fragen: Wer? Wann? Wo?.
> Der **Hauptteil** erklärt, was passiert.
> Der **Schluss** erzählt, wie die Geschichte ausgeht.

1 Lies Floras Schreibtipps.

> Deine Erlebnisgeschichte wird besser, wenn du
> - treffende Adjektive verwendest,
> - wörtliche Rede benutzt und
> - Gedanken und Gefühle beschreibst.

2 Lies die Geschichte und markiere **treffende Adjektive**, **wörtliche Rede** und **Gedanken und Gefühle**.

Der große Knall

Meine Eltern waren unterwegs und ich

wollte an Papas ==nagelneuem== Computer zocken.

Das durfte ich aber nur, wenn er zuhause war.

==Aber was sollte schon schiefgehen?==

Ich öffnete also das spannende Spiel.

Da gab es einen lauten Knall.

Der Bildschirm wurde tiefschwarz und es roch verbrannt.

„Oh je, das gibt richtig Ärger", murmelte ich.

In diesem Moment öffnete sich die Wohnungstür.

Papa stürzte auf mich zu: „Alles okay bei dir?"

„Ich habe Mist gebaut", schniefte ich kleinlaut.

„Tja, sieht schwer nach einem Kurzschluss aus",

meinte mein Vater grimmig. Puh, so ein Schreck!

📱 Ideen zum Einsatz des Tablets,
siehe Handreichung, Kap. 1.3

Spannungstragende Elemente kennenlernen
Spannungstragende Elemente in einer Geschichte entdecken

1 Male die -Karten an.

a) Einleitung grün
b) Hauptteil blau
c) Schluss rot

2 Schneide die -Karten aus.

3 Lies die Erlebnisgeschichte.

Eine Überraschung am Sonntag

Am Sonntag war Lola

schon früh wach.

Leise schlich sie in die Küche.

„Ich werde Mama mit

einem leckeren Frühstück

überraschen", dachte Lola.

Zuerst deckte sie den Tisch.

Dann kaufte sie duftende

Brötchen.

Danach weckte sie Mama. „Was

für eine wunderbare Idee!", rief

Mama. Das war ein schöner

Sonntagmorgen.

Schluss

Hauptteil

Einleitung

4 Lege die -Karten in **3** passend
zur Erlebnisgeschichte.

Handlungsorientiert den Aufbau einer Geschichte untersuchen
Die Begriffe *Einleitung*, *Hauptteil* und *Schluss* zuordnen

15

Datum: _____

1 Lies die Geschichte.
Nimm die ♥-Karten. Ordne den Zeilen die Schreibtipps zu.

Das Geräusch in der Nacht

Treffende Adjektive ♥

Gedanken und Gefühle ♥

Wörtliche Rede ♥

In der tiefdunklen Nacht

wachte ich plötzlich auf.

Was war das nur für ein Geräusch?

Wie gruselig!

Oma sagte immer:

„Sei stärker als deine Angst!"

Also war ich mutig

und ging leise die alte Treppe hinab.

War das eine gute Idee?

Meine Beine zitterten.

Da sah ich plötzlich unseren alten Kater.

Er spielte mit einer kleinen Murmel.

„Ach, Felix, lass mich schlafen!",

flüsterte ich leise.

2 Markiere in der Geschichte von **1** weitere Schreibtipps.
Schreibe in dein Heft:
Treffende Adjektive: gruselig, leise, ...
Wörtliche Rede: ...
Gedanken und Gefühle: ...

 **1** Schneide die grauen Karten aus.

 **2** Lies die Erlebnisgeschichte
und ordne die grauen Karten dem Text zu.

Fünf Meter sind hoch

Gestern war ich mit meinem Vater im Freibad.

Ich wollte vom 5-m-Turm springen.

⌐ ¬
| |
| |
⌊ ⌋

„Oh je, ist das hoch", dachte ich.

⌐ ¬
| |
| |
⌊ ⌋

Hinter mir stand ein Kind und sagte:

⌐ ¬
| |
| |
⌊ ⌋

Das hat mir Mut gemacht und ich sprang.

⌐ ¬
| |
| |
⌊ ⌋

Dann war ich im Wasser. Mein Vater jubelte.

Aufgeregt kletterte ich den Turm hoch.

Ich brüllte: „Uaaaa!"

Meine Knie wurden butterweich.

„Trau dich! Du schaffst das."

 **3** Schreibe die Geschichte in dein Heft.
Unterstreiche die Teile der Geschichte:
Einleitung grün, Hauptteil blau und Schluss rot.

Handlungsorientiert eine Geschichte überarbeiten
Die Teile *Einleitung, Hauptteil und Schluss* in einer Geschichte erkennen

17

Handelnd eine Erlebnisgeschichte schreiben

1 Lies die Stichworte auf den weißen Karten.
Ordne sie dem roten Faden zu.
Male passend an.

a) Einleitung grün
b) Hauptteil blau
c) Schluss rot

große Fallgitter fiel hinunter, Angst

allein in einem Gang

Burgführer kam, Fallgitter hochgezogen, erleichtert

Klassenausflug Burg Rabenstein

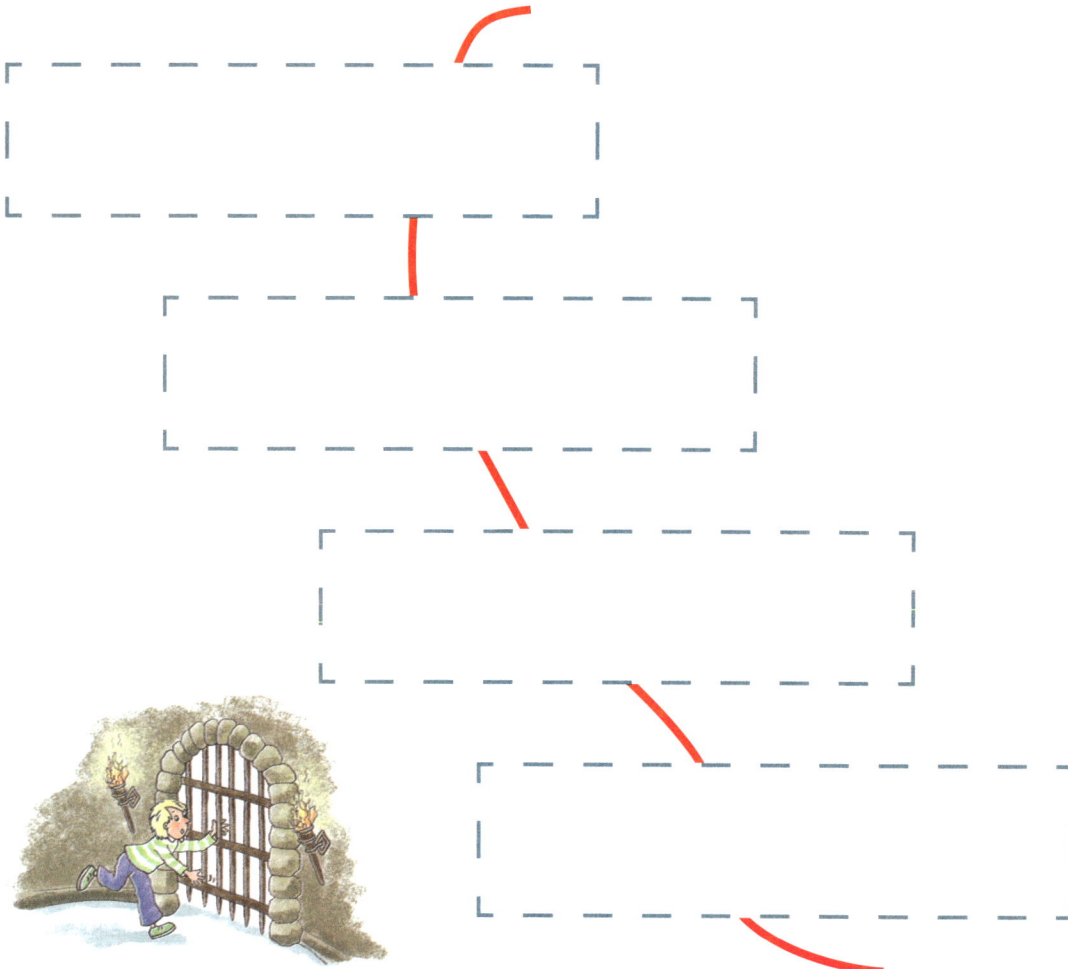

2 Erzähle das Erlebnis von **1** einem Partnerkind.
Verwende **treffende Adjektive**, **wörtliche Rede** und
Gedanken und Gefühle.

_____
Unterschrift Partnerkind

3 Schreibe deine Geschichte über den Klassenausflug
zur Burg Rabenstein in dein Heft.

 **1** Lies den Anfang der Geschichte.

Der Herbsttag

An einem schönen Herbsttag wehte ein starker Wind.

„Wollen wir unsere Lenkdrachen aus der Garage

holen?", fragte ich Saria. Ich spürte schon die Vorfreude!

Saria hastete los und holte die Drachen.

Wir gingen zur großen Wiese am Rande der Stadt.

 **2** Wie könnte es weitergehen? Sammle deine Ideen
in einem Gedankenschwarm.

_____

_____   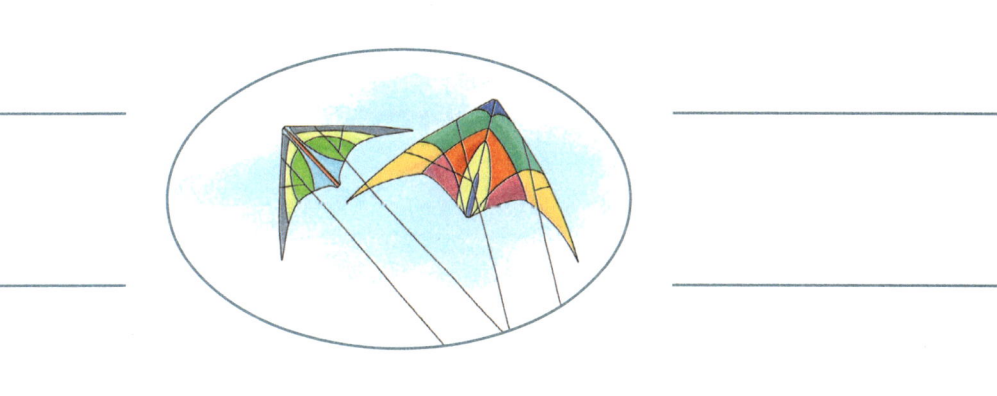   _____

_____   _____

_____

 **3** Wie geht die Geschichte weiter?
Schreibe in dein Heft.

 **4** Lies einem Partnerkind deine Geschichte vor.
Welche Stelle hat deinem Partnerkind gut gefallen?
Markiere in deinem Text.

_____

Unterschrift Partnerkind

Einen Geschichtenanfang lesen
Ideen für einen Geschichtenfortgang sammeln
Eine Geschichte weiterschreiben und präsentieren

19

Eine Erlebnisgeschichte planen ...

Datum: _____

1 Wähle ein Thema für deine Erlebnisgeschichte. Kreuze an.
Du kannst dir auch selbst ein Thema ausdenken.

☐ Reingelegt   ☐ Verlaufen

☐ Glück gehabt   ☐ _____

2 Sammle Ideen für deine Geschichte.

Einleitung
Wer ist die Hauptfigur?
Wo spielt die Geschichte?
Wann spielt die Geschichte?

_____
_____
_____

Hauptteil
Was passiert?
Wie fühlt sich die
Hauptfigur?

_____
_____
_____
_____

_____
_____
_____

Schluss
Wie endet die
Geschichte?

_____
_____
_____

3 Welche Ideen möchtest du für deine Geschichte verwenden?
Markiere in **2** .

 Ideen zum Einsatz des Tablets, siehe Handreichung, Kap. 1.3   ▶ Erklärvideo *Eine Geschichte planen und schreiben*, siehe Handreichung, Kap. 1.1.4   Ideen für eine Erlebnisgeschichte sammeln Eine Erlebnisgeschichte planen

4 Schreibe deine Geschichte. Denke an die Überschrift.

Nutze verschiedene Satzanfänge:
Zuerst …
Dann …
Auf einmal …
Doch dann …
Am Ende …

_____

_____

_____

_____

_____

_____

_____

_____

_____

_____

_____

_____

_____

5 Lies einem Partnerkind deine Geschichte von **4** vor.
Lass dir eine Rückmeldung geben.

_____

Unterschrift Partnerkind

Eine Erlebnisgeschichte verfassen
Eine Erlebnisgeschichte präsentieren
Sich Rückmeldung geben lassen

Ideen zum Einsatz des Tablets,
siehe Handreichung, Kap. 1.3

Ti2

21

Diskutieren und Standpunkte ...

Willkommen! Wir wollen heute diskutieren über ...

Ich bin dagegen, dass lebende Tiere in der Schule erlaubt sind, weil ...

Ich bin dafür, Tiere in der Schule zu halten, weil ...

Moderatorin / Moderator

Kontra-Kind

Pro-Kind

Pro-Kind

Kontra-Kind

Die Kinder haben in dieser Diskussion verschiedene Rollen.

1 Suche dir ein Partnerkind. Was meint Flora? Sprecht darüber.

_____

Unterschrift Partnerkind

2 Welche Erklärung passt zu welcher Rolle? Verbinde.

Moderatorin / Moderator	Ich leite die Diskussion und achte auf das Einhalten der Gesprächsregeln.
Pro-Kind	Ich nenne Argumente, die dagegen sprechen.
Kontra-Kind	Ich nenne Argumente, die dafür sprechen.

> Wenn mehrere Personen über ein Thema sprechen, ist das eine **Diskussion**. In einer **Diskussion** gelten die Gesprächsregeln.

Ideen zum Einsatz des Tablets, siehe Handreichung, Kap. 1.3

Rollen in einer Klassendiskussion kennenlernen
Über Gesprächsregeln sprechen

Datum: _____

3 Lies die Argumente.
Welche Argumente sprechen für / pro Tiere in der Schule? Male grün.
Welche Argumente sprechen gegen / kontra Tiere in der Schule? Male rot.

> Tiere stärken die Klassengemeinschaft, weil wir uns gemeinsam um ein Tier kümmern müssen.

> Einige von uns kommen nicht so gern in die Schule, weil sie Angst vor Tieren haben.

> Auch in den Ferien müssen wir uns um die Tiere kümmern.

> Mit Tieren haben wir mehr Spaß in der Schule, weil sie mehr Abwechslung in den Unterricht bringen.

4 Was denkst du über Tiere in der Klasse?
Kreuze an, begründe und schreibe.

☐ Ich bin dafür / pro.   ☐ Ich bin dagegen / kontra.

Ich bin _____, weil _____

_____.

> In einer Diskussion haben Personen oft verschiedene Standpunkte.
> Es gibt Argumente, die dafür / pro oder dagegen / kontra sind.

5 Suche dir ein Partnerkind. Welche Meinung
habt ihr zu diesem Thema?
Tauscht eure Argumente aus.

_____

Unterschrift Partnerkind

Sich eine Meinung bilden ...

1 Lies die Frage und die Sprechblasen.

Soll die Schule morgens später anfangen?

Du kannst dafür oder dagegen sein. Dafür nennt man auch pro. Dagegen nennt man auch kontra.

Später kann man besser lernen.

Ich muss dann länger in der Schule bleiben.

Dann kann ich morgens länger schlafen.

2 Sammle zu dem Thema von **1** pro-Argumente und kontra-Argumente. Schreibe.

pro	kontra

3 Welchen Standpunkt vertrittst du? Bist du dafür oder dagegen? Kreuze an.

☐ Ich bin dafür / pro.   ☐ Ich bin dagegen / kontra.

Zu einem Thema Argumente sammeln
Eigene Argumente vertreten und sich eine Meinung bilden

4 Suche dir ein Partnerkind für die Aufgaben 4 und 5. Sprecht über das Thema **Soll die Schule morgens später anfangen**? Benutzt die Satzanfänge.

_____

Unterschrift Partnerkind

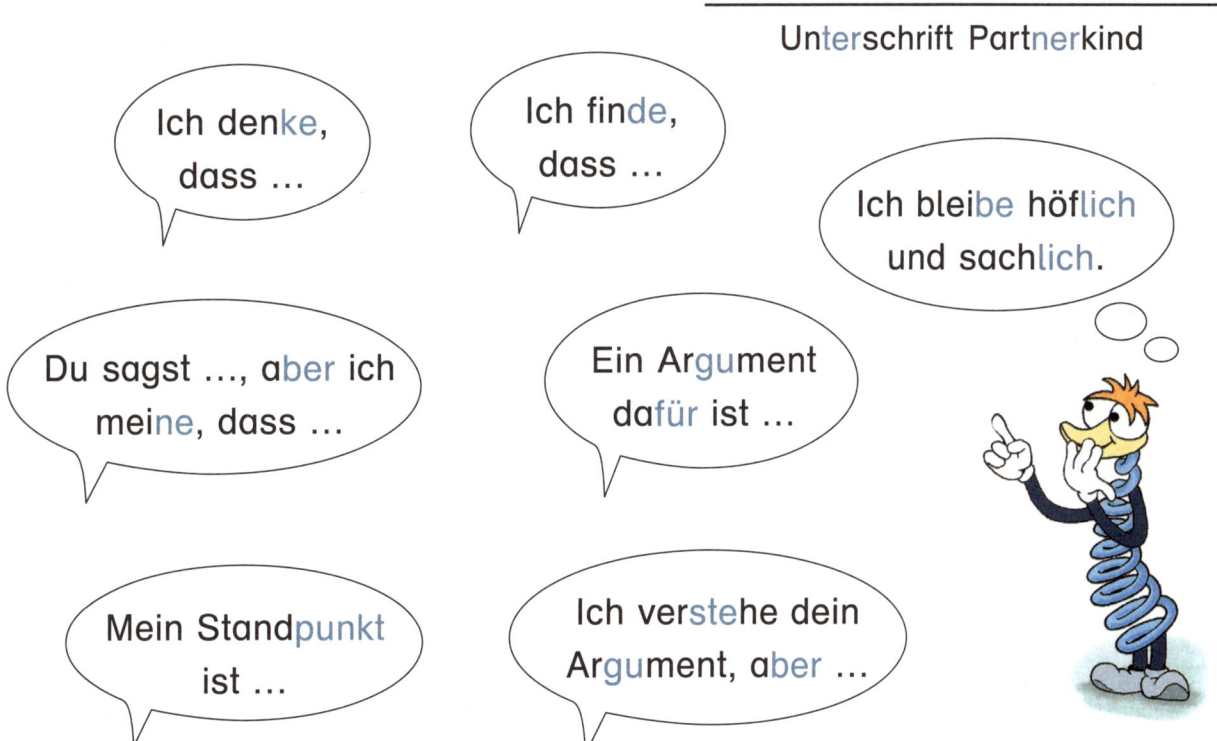

Ich denke, dass …

Ich finde, dass …

Ich bleibe höflich und sachlich.

Du sagst …, aber ich meine, dass …

Ein Argument dafür ist …

Mein Standpunkt ist …

Ich verstehe dein Argument, aber …

5 Welches Ergebnis hatte eure Diskussion?
Kreuzt an.

☐ Wir sind beide dafür.

☐ Wir sind beide dagegen.

☐ Wir haben verschiedene Standpunkte.

6 Was ist deine Meinung?
Schreibe deine Argumente in dein Heft.

7 Schreibe deiner Schulleitung einen Brief
zum Thema „**Soll die Schule morgens später anfangen?**"
Verwende deine Argumente von **6**.

Die eigene Meinung in einer Diskussion vertreten
Die eigene Meinung argumentativ stützen
In einem Brief die eigene Meinung vertreten

Datum: _____

1 Was muss Flex tun, damit Flora Toni findet?
Sprich mit einem Partnerkind.

_____

Unterschrift Partnerkind

2 Lies den Text. Kreise das beschriebene Kind oben ein.

Toni ist ein Mädchen. Ihre langen Haare sind

zu Zöpfen geflochten. Ihre Augen sind braun.

Sie trägt ein rotes T-Shirt. Auf dem T-Shirt sind

schwarze Punkte. Sie trägt an ihrem rechten Arm

dünne Armbänder, die bunt wie ein Regenbogen sind.

Toni trägt eine Jeans und knallrote Turnschuhe.

Wenn du eine Person, eine Sache, ein Tier oder eine Figur
beschreibst, musst du dies möglichst genau machen.
Für eine genaue **Beschreibung** verwendest du **Adjektive**.
Vergleiche können es noch anschaulicher machen:
bunt wie ein Regenbogen, knallrote Turnschuhe, schwarze Punkte.

3 Finde passende Vergleiche. Verbinde.

blau wie	eine Maus
groß wie	der Himmel
klein wie	ein Elefant
grün wie	das Gras

4 Beschreibe ein anderes Kind von Seite 26.
Verwende Adjektive und Vergleiche. Die Wörter können dir helfen.
Schreibe.

Mädchen	Junge	blond	lila
T-Shirt	Pullover	Hose	Brille
grün	dunkelhaarig	rosa	rot

Das Kind ist _____

_____

_____

_____

5 Suche dir ein Partnerkind. Lies ihm deine Beschreibung von **4** vor.
Kann es das Kind im Bild finden?

_____
Unterschrift Partnerkind

Eine Beschreibung untersuchen

1 Lies die Beschreibung. Markiere alle Adjektive im Text.
Unterstreiche die Vergleiche.

Mein Kind ist ein Junge. Seine Haare sind <mark>blond</mark>

<u>wie Stroh</u>. Er trägt eine lila Brille.

Das T-Shirt ist grün mit winzig kleinen Punkten.

Sie sehen aus wie schwarze Flöhe.

Er hat auch einen Schulranzen.

Dieser hat eine orange-rote Farbe

und leuchtet wie die Sonne.

Seine Schuhe sind rot wie Kirschen

und weiß wie Schnee.

> Wenn du Personen von oben nach unten beschreibst, dann vergisst du nichts.

2 Wie wurde das Kind beschrieben?
Welche Aussagen sind richtig? Kreuze an.

☐ Es werden Adjektive benutzt.

☐ Das Kind wird von unten nach oben beschrieben.

☐ Das Kind wird von oben nach unten beschrieben.

☐ Es gibt Vergleiche in der Beschreibung.

☐ Es wurde eine traurige Geschichte erzählt.

3 Suche dir ein Partnerkind. Welche Aussagen von **2**
hast du angekreuzt? Erkläre.

_____

Unterschrift Partnerkind

Adjektive und Vergleiche in einer Beschreibung finden
Passende Kriterien für eine Personenbeschreibung identifizieren

Handelnd eine Beschreibung verfassen 1

 **1** Schneide die blauen Karten aus.

 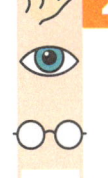 **2** a) Schau dir das Bild des Zauberers genau an.

b) Lies die Karten. Ordne die passenden Karten in die Felder unter dem Bild.

 **3** Beschreibe den Zauberer.
Nutze die blauen Karten von **2**.
Schreibe in dein Heft.

 **4** Suche dir ein Partnerkind.
Lies ihm deine Beschreibung vor.

---

	lange, spitze Nase
runde Stupsnase
lockige Haare
glatte Haare
kleine Augen
feurige Augen wie ein Drache
Mund wie ein Strich
ein riesengroßer Mund

_____

Unterschrift Partnerkind

Datum: _____

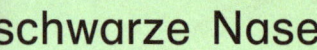

Nase wie
ein Rüssel

schwarze Nase

blaues Fell

rotes Fell

gelbe Augen

struppige
Haare

kleine runde
Ohren

sehr dünne
Beine

1

a) Wähle eine Figur aus dem Buch „Irgendwie Anders" aus. Schaue sie dir genau an.

b) Lies die grünen Karten. Lege die passenden Karten in die Felder.

2

Beschreibe deine Figur.
Nutze die Karten von **1**.
Schreibe in dein Heft.

3

Lies einem Partnerkind deine Beschreibung vor und zeige ihm das Bild von **1**.
Kann es erraten, wen du beschrieben hast?

_____
Unterschrift Partnerkind

Handlungsorientiert eine Beschreibung verfassen
Eine Beschreibung als Ratespiel präsentieren

Eine Filmfigur beschreiben

1 Schau dir das Bild des Scheinriesen aus dem Film
Jim Knopf und Lukas der Lokomotivführer an.
Lies und markiere passende Adjektive und Vergleiche.

- runde Stupsnase
- schiefe, lange Nase
- glatte, schwarze Haare
- große, runde Augen
- zottelige Haare wie ein Schaf
- Augen so klein wie Erbsen
- Strohhut, groß wie ein Wagenrad
- sauberes, gebügeltes Hemd

2 Verfasse mit deinen markierten Wörtern und Vergleichen von **1**
eine Beschreibung des Scheinriesen. Schreibe in dein Heft.

3 Lies einem Partnerkind deine Beschreibung vor.
Was hast du beachtet? Kreuzt an.

- [ ] Die Beschreibung ist von oben nach unten.
- [ ] Es gibt Vergleiche in der Beschreibung.
- [ ] Die Beschreibung ist passend.
- [ ] Die Beschreibung ist genau.

_____

Unterschrift Partnerkind

4 Suche dir eine andere Filmfigur im Internet.
Beschreibe sie. Schreibe in dein Heft.

Passende Stichworte für eine Beschreibung auswählen
Mithilfe der Stichworte eine Beschreibung verfassen
Die Beschreibung mithilfe von Kriterien überprüfen

Ideen zum Einsatz des Tablets,
siehe Handreichung, Kap. 1.3

Ti3

31

Fantastisches erzählen ...

Datum: _____

Auf keinen Fall drücken?

In meiner Fantasie habe ich unglaubliche Ideen.

1 Sprich mit einem Partnerkind.
Was bedeutet Fantasie?

_____

Unterschrift Partnerkind

Eine Fantasiegeschichte ist eine Geschichte, die im echten Leben so nicht passieren kann. In der Geschichte kommen **fantastische Orte** oder **fantastische Figuren** vor.
Oft haben die Figuren **fantastische Fähigkeiten.**

2 Schau dir das Bild oben an. Was könnte passieren, wenn du auf den Knopf im Fahrstuhl drückst? Schreibe oder male.

Ideen zum Einsatz des Tablets,
siehe Handreichung, Kap. 1.3

Eine Vorstellung vom Begriff *Fantasie* entwickeln
Assoziationen zu einem fantastischen Bildimpuls sammeln

 **3** Schreibe Stichworte für eine Fantasiegeschichte.
Nutze deine Ideen aus **2**.

Einleitung
Wer ist die Hauptfigur?
Wo spielt die Geschichte?
Wann spielt die Geschichte?

_____

_____

_____

Hauptteil
Was passiert?
Wie fühlt sich die
Hauptfigur?

_____

_____

_____

_____

_____

_____

_____

_____

Schluss
Wie endet die
Geschichte?

_____

_____

_____

 **4** Schreibe deine Fantasiegeschichte in dein Heft.
Denke an die Überschrift.

Eine Fantasiegeschichte planen

1 Schreibe zu jeder Überschrift 3 weitere Wörter.

fantastische Figuren

Fee
Zauberer
Piratin
_____
_____
_____

fantastische Orte

Kaufhaus
Tiefsee
Mond
_____
_____
_____

fantastische Fähigkeiten

fliegen
unsichtbar sein
tauchen
_____
_____
_____

fantastische Ereignisse

Ufolandung
Klettertour
Schatzsuche
_____
_____
_____

2 Suche dir ein Partnerkind.
Lies ihm deine Wörter von **1** vor.

_____

Unterschrift Partnerkind

Zu Elementen fantastischer Geschichten Ideen sammeln
Eigene Ideen einem Partnerkind präsentieren

... und schreiben

3 Würfle. Markiere in **1** eine **fantastische Figur**, einen **fantastischen Ort**, eine **fantastische Fähigkeit** und ein **fantastisches Ereignis**.

4 Schreibe mit deinen markierten Wörtern aus **1** deine Fantasiegeschichte. Denke an die Überschrift.

_____

_____

_____

_____

_____

_____

_____

_____

_____

_____

5 Lies einem Partnerkind deine Geschichte vor.
Welche Stelle hat deinem Partnerkind gut gefallen?
Markiere.

_____

Unterschrift Partnerkind

Wörter durch Würfeln auswählen
Mit ausgewählten Wörtern eine Fantasiegeschichte schreiben
Eine Fantasiegeschichte präsentieren

35

Eine Fantasiegeschichte weitererzählen

 **1** Lies den Geschichtenanfang.

Im Keller hatte ich dieses kleine Tütchen
mit bunten Samenkörnern entdeckt. Solche
seltsamen Körner hatte ich noch nie zuvor gesehen.
Neugierig grub ich sie im Garten ein. Niemals hätte
ich damit gerechnet, was dann passierte.

 **2** Was könnte aus den Samen wachsen? Male das Bild weiter.

3 Sammle Ideen für deinen Hauptteil und den Schluss. Schreibe.

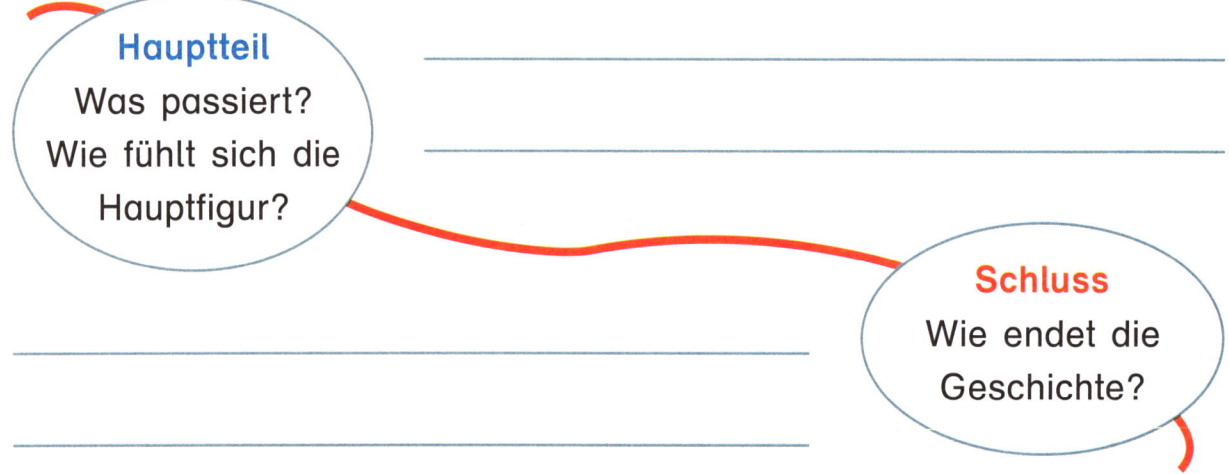

Hauptteil
Was passiert?
Wie fühlt sich die
Hauptfigur?

_____

_____

Schluss
Wie endet die
Geschichte?

_____

_____

 **4** Erzähle deine Fantasiegeschichte
einem Partnerkind.

_____
Unterschrift Partnerkind

Einen Geschichtenanfang lesen
Ideen für den Fortgang der Geschichte über das Ergänzen
eines Bildimpulses sammeln

Eine Fantasiegeschichte weiterschreiben

 **1** Lies den Geschichtenanfang.

„Nein, das ist noch viel zu früh!", brummte Jona,

als der Wecker klingelte.

Verschlafen trottete er ins Badezimmer.

In der Tür blieb er wie angewurzelt stehen.

In der Badewanne stand ein seltsames Wesen

und schaute ihn vorwurfsvoll an.

„Machst du endlich mal das Wasser an?

Ich vertrockne hier noch!"

 **2** Sammle Ideen.

a) Wie könnte das Wesen aussehen? Schreibe Adjektive.

_____

_____

b) Was könnten die Hauptfiguren machen oder sagen? Schreibe.

Jona	seltsames Wesen

c) Wie könnte die Geschichte enden? Schreibe.

_____

_____

 **3** Wie geht deine Fantasiegeschichte weiter?
Schreibe in dein Heft.

Einen Geschichtenanfang lesen
Fragengeleitet Ideen für den Fortgang der Geschichte sammeln
Eine Fantasiegeschichte weiterschreiben

37

Berichte kennenlernen ...

Was ist denn hier passiert?

1 Suche dir ein Partnerkind.
Beantwortet Floras Frage.

_____
Unterschrift Partnerkind

2 Lies den Unfallbericht und die Fragen.
Markiere im Bericht die passenden Informationen.

<mark>Am 5. September</mark> kam es
in der Pause zu einem Unfall.

Der Unfall passierte
am Kletterturm der Schule.

Sina wollte auf den Turm klettern.

Sina fiel vom Turm und
verletzte sich am Bein.

Ein Balken war alt und zerbrach,
als Sina darauf kletterte.

> **Wann?**

> **Wo?**

> **Wer?**

> **Was?**

> **Wie/Warum?**

Wenn du einen Bericht schreibst, beantwortest du **W-Fragen**:
Wann? Wo? Wer? Was? und **Wie?** oder **Warum?**
Einen Bericht schreibst du kurz und sachlich.
Du schreibst in der Zeitform Präteritum.

W-Fragen als Schreibhilfe kennenlernen
W-Fragen beantworten

3 Schau dir das Bild an und lies die Geschichte.

Gestern Vormittag waren wir mit der Klasse
bei der Feuerwehr. Karol rannte
über den Hof. Dabei stolperte er
über den Wasserschlauch. Er fiel
auf sein Knie und blutete. Die Hose
war kaputt. Karol war das peinlich.
Zuerst haben alle gelacht, weil es so lustig aussah,
doch dann haben wir ihm schnell geholfen.

4 Beantworte die **W**-Fragen zu Karols Unfall.

Wann? _____

Wo? _____

Wer? _____

Was? _____

Wie/Warum? _____

5 Schreibe einen Bericht
zu Karols Unfall in dein Heft.

Schreibe kurz, sachlich
und im Präteritum

Datum: _____

1 Suche dir ein Partnerkind für die Aufgaben 2 und 3.

_____
Unterschrift Partnerkind

2 Schaut euch das Bild an und lest den Bericht, den die Kinder geschrieben haben.

In meiner Schule ist es immer lustig,
doch am Montag, dem 14. April, gab es
einen Schaden. Demnächst hat unsere Schule
ein Hockeyturnier und wir trainieren schon dafür.
Am Montag war so tolles Wetter und unsere Klasse
trainierte auf dem Schulhof. Wir hatten alle
unser Sportzeug angezogen. Ich hatte
mein Lieblingsshirt an. Tim hatte ein Kuscheltier
als Glücksbringer dabei. Das setzte er
hinter das kleine Tor. Wir haben
hin und her geschossen. Aber dann passierte es!
Tom schoss den Ball zu Jana. Der Ball flog
mit voller Wucht über das Tor durch die Luft.
Er landete in der Fensterscheibe
vom Büro der Schulleiterin. Klirr!

3 Überarbeitet den Bericht von .

a) Unterstreicht im Text von  die Antworten auf die W-Fragen mit verschiedenen Farben:

Wann?   Wo?   Was?   Wer?   Wie? Warum?

b) Was gehört nicht in einen Bericht?
Streicht durch.

4 Schreibe den überarbeiteten Bericht von .

Am Montag, dem 14. April, kam es _____

_____

_____

_____

_____

_____

_____

_____

_____

_____

5 Lies deinen Bericht von **4** deiner Klasse vor.

_____

Unterschrift Lehrkraft

Wichtige Informationen in einem Bericht markieren
Unwesentliches aus einem Bericht streichen
Einen Bericht überarbeiten, schreiben und vorstellen

 Mila und Emil hatten einen Streit. Lies den Stichwortzettel von Mila.

Milas Zettel

Wann? gestern in der Pause

Wo?   an der Rutsche

Wer?   Emil

Was?   Emil schubste mich, ich fiel hin

Wie? Warum? Emil ärgert mich immer

2 Schreibe einen Bericht mit den Stichworten von Mila aus **1**.

_____

_____

_____

_____

_____

_____

_____

_____

Einen Stichwortzettel lesen
Mithilfe eines Stichwortzettels einen Bericht schreiben

3 Emil hat auch einen Zettel geschrieben.
Lies seinen Stichwortzettel.

> **Emils Zettel**
>
> **Wann?** in der 1. Pause
>
> **Wo?** zwischen Rutsche und Schaukel
>
> **Wer?** Mila
>
> **Was?** Mila hat mich getreten
>
> **Wie? Warum?**
>
> ich war auf dem Weg zur Schaukel,
>
> ich habe Mila nicht gesehen, sie hat
>
> mich plötzlich getreten

4 Schreibe einen Bericht mit den Stichworten von Emil aus **3**.

_____

_____

_____

_____

_____

_____

_____

5 Suche dir ein Partnerkind. Lies deine Berichte von **2** und **4** vor.
Warum sind sie unterschiedlich?
Sprecht darüber.

_____

Unterschrift Partnerkind

Einen Stichwortzettel lesen
Mithilfe eines Stichwortzettels einen Bericht schreiben
Unterschiedliche Sichtweisen erkennen und verstehen

Ti4

43

Ein Drehbuch für einen Film kennenlernen ...

Datum: _____

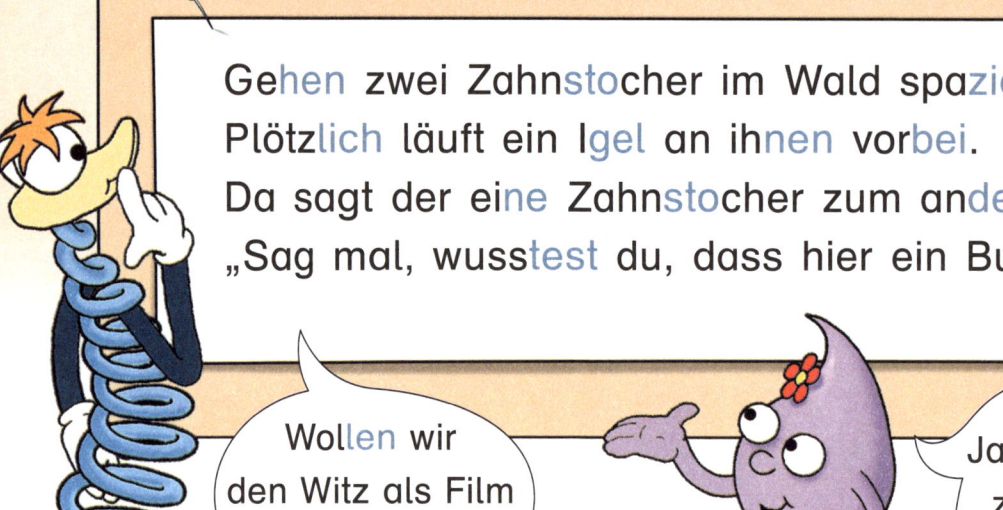

Gehen zwei Zahnstocher im Wald spazieren.
Plötzlich läuft ein Igel an ihnen vorbei.
Da sagt der eine Zahnstocher zum anderen:
„Sag mal, wusstest du, dass hier ein Bus fährt?"

Wollen wir den Witz als Film aufnehmen?

Ja! Lass uns zuerst ein Drehbuch schreiben.

1 Sprich mit einem Partnerkind.
a) Was ist ein Drehbuch?
b) Wie macht man einen Film?

_____
Unterschrift Partnerkind

 **2** Lies das Drehbuch.

Szene	Figur	Handlung	Text
1	zwei Zahnstocher	gehen nebeneinander im Wald spazieren	–
2	zwei Zahnstocher und ein Igel	Igel läuft an den zwei Zahnstochern vorbei	–
3	zwei Zahnstocher	beide Zahnstocher sehen sich an, ein Zahnstocher spricht	Sag mal, wusstest du, dass hier ein Bus fährt?

Ein Drehbuch kennenlernen
Einen Witz verstehen

... und einen Film aufnehmen

Wenn du einen Film aufnehmen möchtest, benötigst du ein **Drehbuch**.
In einem **Drehbuch** schreibst du auf,
was in jeder **Szene** geschehen soll:

Figur   – Wer ist zu sehen?

Handlung – Was geschieht?

Text   – Was wird gesagt?

3 Suche dir 2 Kinder für eine Gruppe für die Aufgaben 4 bis 6.

_____

Unterschriften Gruppenkinder

4 Plant euren Film.

a) Besorgt euch ein Tablet, ein Smartphone
    oder eine Kamera.

b) Wie heißt der Titel eures Films? Schreibt.

_____

c) Verteilt die Rollen.

_____

_____

d) Übt das Spielen. Nutzt das Drehbuch von **2**.

5 Erstellt euren Film.

Sprecht laut und deutlich.
Denkt an eine ruhige Kameraführung.

6 Präsentiert den Film der Klasse.
Lasst euch Rückmeldung geben.

Ein Drehbuch für einen Film ...

 **1** Lies den Witz.

Zwei Frösche sitzen am Seeufer.

Plötzlich beginnt es zu regnen.

Sagt der eine Frosch:

„Schnell ins Wasser,

bevor wir noch nass werden."

 **2** Du möchtest den Witz als Film aufnehmen.
Ergänze das Drehbuch.

Szene	Figur	Handlung	Text
1	zwei Frösche	_____ _____ _____	–
2	_____ _____	Frösche schauen in den Himmel, es beginnt zu regnen	–
3	_____ _____	_____ _____ _____ _____	_____ _____ _____

Einen Witz lesen
Ein Drehbuch erstellen

 **3** Suche dir ein Partnerkind für die Aufgaben 4 bis 8.

_____

Unterschrift Partnerkind

 **4** Plant euren Film.

a) Besorgt euch ein Tablet, ein Smartphone oder eine Kamera.

b) Wie heißt der Titel eures Films? Schreibt.

_____

c) Verteilt die Rollen.

_____

d) Übt das Spielen. Nutzt das Drehbuch von **2** .

 **5** Benötigt ihr Gegenstände, die euren Film anschaulicher machen? Stellt sie her oder besorgt sie euch.

Diese Gegenstände nennt man Requisiten.

 **6** Erstellt euren Film Szene für Szene.

 **7** Präsentiert den Film der Klasse. Lasst euch Rückmeldung geben.

   Tipp

 **8** Sucht im Internet nach weiteren Witzen. Schreibt zu einem Witz ein Drehbuch und erstellt den Witz als Film.

1 Lies und schau dir die Anleitung für den Luftballon-Trick an.

Anleitung für den Luftballon-Trick

Du brauchst: • 1 Luftballon   • Klebeband   • 1 Stecknadel

So geht es:

2 Suche dir für die Aufgaben 3 bis 5 ein Partnerkind.

_____

Unterschrift Partnerkind

In einem **Erklärfilm** werden Abläufe und Anleitungen gezeigt. Er dauert nur wenige Minuten. Zur Planung eines Erklärfilms schreibst du ein **Drehbuch**. Hier legst du die benötigten Materialien, die Personen, den Ablauf und die Texte fest. Einen Erklärfilm kannst du mit einem Smartphone, einem Tablet oder einer Kamera aufnehmen.

3 Wie bekommst du eine Nadel in einen Ballon, ohne dass er platzt? Schreibt ein Drehbuch für den Erklärfilm.

Szene	Handlung	Text
1	Person, die den Trick vorführt	Wie steckst du eine Nadel in einen Luftballon, ohne dass er zerplatzt?
2	alle Materialien	Für den Trick brauchst du: _____ _____
3	Ballon wird aufgepustet	_____
4	Ballon wird verknotet	_____
5	Klebefilm wird abgerissen und oben auf den Ballon geklebt	_____ _____
6	Stecknadel wird vorsichtig durch das Klebeband in den Ballon gestochen	_____ _____ _____
7	dem Publikum zeigen, dass die Nadel im Ballon steckt	_____ _____

4 Erstellt euren Erklärfilm Szene für Szene. Nutzt das Drehbuch von **3**.

5 Präsentiert den Film der Klasse. Lasst euch Rückmeldung geben.

Eine Klassenzeitung planen ...

Das Schreiben einer Klassenzeitung muss man planen.

Wir schreiben Steckbriefe.

Können wir nicht lieber Rätsel und Comics nehmen?

Ich möchte von der Klassenfahrt berichten.

Kann man den Text am Computer schreiben?

Klassenzeitung

1 Was meint Flex?
Sprich mit einem Partnerkind.

_____
Unterschrift Partnerkind

2 a) Was hättest du gern
in deiner Klassenzeitung?
Kreuze an.

b) Hast du eigene Ideen? Schreibe.

☐ Steckbriefe mit Fotos   ☐ Interviews

☐ Sachtexte   ☐ Comics

☐ Rätsel   ☐ Witze

☐ selbst ausgedachte   ☐ Berichte über
Geschichten   Projekte

☐ _____   ☐ _____

_____   _____

3 Suche dir ein Partnerkind
für die Aufgaben 4 und 5.

_____

Unterschrift Partnerkind

4 Stelle deine Ideen von **2** vor. Welche Themen findet
ihr beide wichtig? Schreibt.

_____

_____

_____

5 Sprecht über eure Ideen von **4**.

a) Welche Beiträge möchtet ihr schreiben? Entscheidet.

_____

_____

b) Wie soll eure Zeitung heißen? Sammelt Ideen. Stimmt ab.
Schreibt den Namen der Zeitung.

_____

Tipps für eine Klassenzeitung

Planung
- Wir sammeln Ideen und entscheiden über Themen.
- Wir verteilen die Themen.
- Wir besprechen, ob wir mit der Hand oder am Computer schreiben.
- Wir helfen uns und verbessern Fehler.

Gestaltung/Layout
- Wir legen die Reihenfolge fest.
- Wir suchen passende Bilder oder Fotos.
- Wir gestalten die Seiten sorgfältig und ordentlich.

Die Erstellung einer Klassenzeitung planen
Einen Namen für eine Klassenzeitung finden

Ein Interview vorbereiten ...

 **1** Suche dir ein Partnerkind
für die Aufgaben 2 bis 7.

_____
Unterschrift Partnerkind

 **2** Lest das Interview.

Selin:	Ich bin Selin und spreche mit Frau Joo.
	Sie ist Lehrerin an unserer Schule.
	Guten Tag, sind Sie gern Lehrerin?
Frau Joo:	Ja.
Selin:	Mögen Sie Ihre Schülerinnen und Schüler?
Frau Joo:	Ja.
Selin:	Haben Sie ein Lieblingsfach?
Frau Joo:	Nein.
Selin:	Wollten Sie schon immer Lehrerin werden?
Frau Joo:	Nein.
Selin:	Danke für das Interview.

Wenn du zum Beispiel die Fragewörter
Wie? Warum? Was? Welches?
verwendest, bekommst du
interessantere Antworten.

 **3** Wie gefällt euch das Interview? Hättet ihr es anders gemacht?
Sprecht darüber.

Ein negatives Beispiel für ein Interview kennenlernen

4 Welche Tipps sind für ein gutes Interview wichtig? Kreuzt an.

☐ Ich stelle alle Personen bei der Begrüßung vor.

☐ Ich stelle möglichst Fragen, die mit einem
Fragewort beginnen, damit ich mehr erfahre.
(Wer? Wie? Was? Warum?...)

☐ Ich bin unhöflich.

☐ Ich höre genau zu und frage nach.

☐ Am Ende renne ich schnell weg.

☐ Am Ende verabschiede und bedanke ich mich.

5 Wen möchtet ihr interviewen? Überlegt und schreibt.

_____

6 Welche Fragen wollt ihr stellen? Schreibt.

1. _____

_____

2. _____

_____

3. _____

_____

7 Führt das Interview. Ihr könnt es auch
mit einem Tablet aufnehmen.

Kriterien für ein gutes Interview identifizieren
Eigene Fragen für ein Interview entwickeln

Eine Klassenzeitung veröffentlichen

 **1** Suche dir ein Partnerkind für die Aufgaben 2 und 3.

_____

Unterschrift Partnerkind

 **2** Lest die Texte. Welches Bild gehört zu welchem Text? Verbindet.

Rani

> Wir schreiben unsere
> Texte am Computer.
> Unsere Lehrerin hat uns
> dort angemeldet.

Mesut

> Wir lassen unsere
> Klassenzeitung drucken.
> Alle Kinder bekommen
> eine Zeitung.

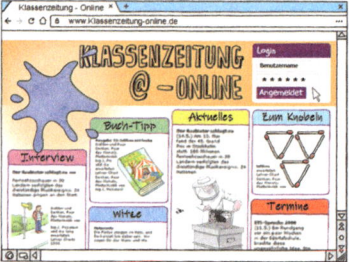

Nele

> Wir haben unsere Texte
> auf der Homepage
> unserer Schule veröffentlicht.

Hinweise zum Datenschutz

Wenn du etwas schreibst, malst oder ein Foto machst,
gehört es dir. Du bist **Urheber/Urheberin**.
Wenn andere es benutzen möchten, musst du zustimmen.
Wenn du ein Foto, ein Bild oder einen Text
von einer anderen Person veröffentlichen möchtest,
brauchst du ihre schriftliche **Einverständniserklärung**.
Bei Kindern müssen die Eltern zustimmen.

 **3** Wie würdet ihr eure Klassenzeitung veröffentlichen?
Sprecht darüber.

Möglichkeiten der Veröffentlichung kennenlernen
Hinweise zum Datenschutz kennenlernen

Ich kann Parallelgedichte verfassen:

Ich kenne den Aufbau von Geschichten:

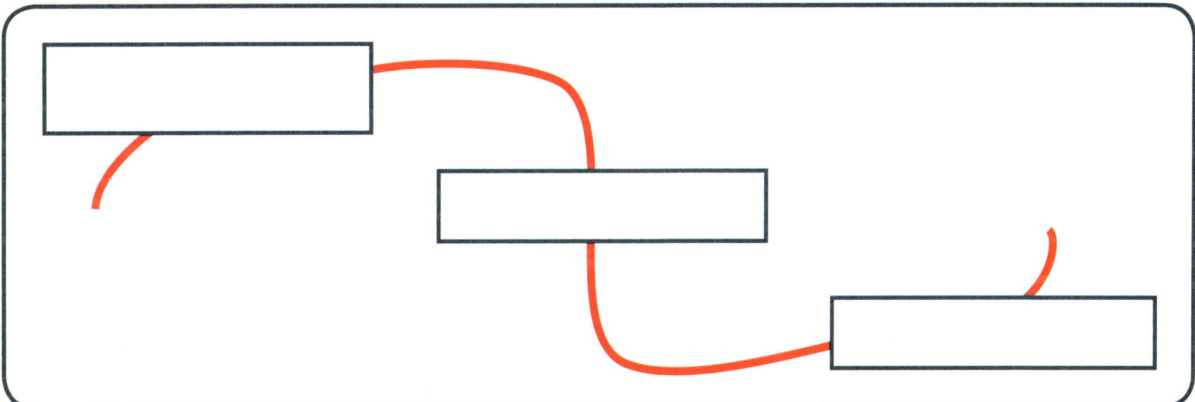

Ich kann Standpunkte vertreten und diskutieren:

Sollen Hausaufgaben abgeschafft werden?	
pro	kontra

Ich kann Figuren beschreiben:

Ich kann Fantastisches erzählen und schreiben:

fantastische Figur: _____

fantastischer Ort: _____

fantastische Fähigkeit: _____

fantastisches Ereignis: _____

Ich kann einen Bericht schreiben:

Wann? _____

Wo? _____

Wer? _____

Was? _____

Wie? Warum? _____